HINDI HANDWRITING BOOK
PRACTICE THE DEVANAGARI SCRIPT

Cities शहर
Statesराज्य
Color रंग
Family परिवार
Weather मौसम
Phrases वाक्यांश

NICOLE HERBERT DEAN

Thinkologie

What are Thinkologie Books?

Thinkologie Books is a product of over 20 years of teaching the languages of

Hindi and American English.

Our books focus on teaching language through puzzles, games, or stories!

People love stories! Which is why we like to teach language in the cultural

context. Our storybook series is interactive, with activities to test

comprehension.

The stories are non-fiction based on famous biographies, tales, and legends.

The content of each book is conceived, adapted, and written by

Nicole Herbert Dean.

AI generates the illustrations of some books.

Copyright 2023 Nicole Herbert Dean

नमस्ते

Instructions

Use the following pages to build your vocabulary in Hindi.

Trace out the letters and words to improve your understanding of the Devanagari script.

Practice the words on the ruled line pages, and find out the meanings of the Hindi words by searching an online dictionary like Shabdkosh.com

States

Thinkologie

Write the English word

आंध्र प्रदेश

अरुणाचल प्रदेश

असम

बिहार

छत्तीसगढ़

गोवा

गुजरात

हरियाणा

हिमाचल प्रदेश

जम्मू और कश्मीर

Practice the script

Write the English word

झारखंड

कर्नाटक

केरल

मध्य प्रदेश

महाराष्ट्र

मणिपुर

मेघालय

मिजोरम

नागालैंड

ओड़िशा

Practice the script

पंजाब

राजस्थान

सिक्किम

तमिलनाडु

तेलंगाना

त्रिपुरा

उत्तर प्रदेश

उत्तराखंड

Practice the script

Write the English word

चंडीगढ़

दादरा और नगर हवेली

दमन और दीव

लक्षद्वीप

दिल्ली

पुडुचेरी

पश्चिम बंगाल

अंडमान और निकोबार द्वीपसमूह

Practice the script

Cities

Write the English word

दिल्ली

मुंबई

कोलकाता

चेन्नई

बैंगलोर

हैदराबाद

पुणे

अहमदाबाद

लखनऊ

जयपुर

Practice the script

Write the English word

चंडीगढ़

भोपाल

इंदौर

लुधियाना

कोची

हुबली-धारवाड़

कोटा

नागपुर

वाराणसी

थाने

Practice the script

Write the English word

नासिक

फरीदाबाद

विजयवाड़ा

मेरठ

बीकानेर

आगरा

राजकोट

रांची

भुवनेश्वर

श्रीनगर

Practice the script

Directions

Write the English word

उत्तर

पश्चिम

दक्षिण

पूर्व

उत्तर-पश्चिम

उत्तर-दक्षिण

पूर्व-पश्चिम

पूर्व-दक्षिण

Practice the script

Write the English word

आगे

पीछे

दाहिना

बायाँ

मध्य

ऊपर

नीचे

Practice the script

Weather

Write the English word

मौसम

बर्फबारी

बर्फ

बर्फगारी

धूप

बारिश

हवा

बादल

ताजगी

Practice the script

Write the English word

गर्मी

सर्दी

बर्फ़ीली रातें

बर्फ़ीला मौसम

बारिश का पानी

हवा का रुख

तेज़ हवा

ठंडी हवा

बारिश की बूंदें

आंधी

Practice the script

Colors

Thinkologie

Write the English word

लाल

पीला

हरा

नीला

काला

सफेद

गुलाबी

भूरा

गहरा नीला

बैंगनी

Practice the script

Write the English word

चमकीला

भूरा

ख़ाकी

स्लेटी

भूरा

गुलाबी

नारंगी

स्वर्ण

चाँदी

ओलिव

Practice the script

Adjectives

Thinkologie

Write the English word

अच्छा

बुरा

बड़ा

छोटा

सुंदर

कठिन

आसान

काला

सफेद

गरम

Practice the script

ठंडा

तेज़

धूपी

बर्फ़ीला

स्वादिष्ट

ख़ुश

उदार

सुखद

दुखद

स्वस्थ

Practice the script

Verbs

Write the English word

खाना

पीना

जाना

आना

करना

बोलना

सुनना

देखना

सोना

उठना

Practice the script

Write the English word

बैठना

पढ़ना

लिखना

गाना

नाचना

हंसना

रोना

चलना

रुकना

मिलना

Practice the script

Pronouns

Thinkologie

Write the English word

मैं

तुम

आप

वह

हम

तुम्हें

उस

हमें

तुझे

उसे

Practice the script

Questions

Write the English word

क्या

कौन

कहाँ

कब

कैसा

क्यों

कितना

किसने

किसका

किसको

Practice the script

Common Phrases

Write the English word

नमस्ते

धन्यवाद

कृपया

माफ़ कीजिए

आपका स्वागत है

हाँ

नहीं

शुभ प्रभात

ख़ुदा हाफ़िज़

जय हिन्द

Practice the script

Family

Write the English word

माँ

पिता

भाई

बहन

बेटा

बेटी

दादा

दादी

नाना

नानी

Practice the script

चाचा

चाची

मामा

मामी

पति

पत्नी

सास

ससुर

जेठ

देवर

Practice the script

Write the English word

साला

साली

ननद

जीजा

बहनोई

सासू

ससुराल

पुत्र

पुत्री

पोता

Practice the script

पोती

साला

बहनोई

देवर

देवरानी

जेठानी

साली

साला

नाती

नातिनी

Practice the script

People Groups

Write the English word

हिन्दू

मुस्लिम

सिख

ईसाई

जैन

बौद्ध

पारसी

असमी

बंगाली

Practice the script

Write the English word

बिहारी

मराठी

गुजराती

पंजाबी

तमिल

तेलुगु

कर्नाटकी

मलयालम

ओड़िया

नागा

Practice the script

Languages

Write the English word

हिन्दी

बंगाली

तेलुगु

मराठी

तमिल

उर्दू

गुजराती

कन्नड़

ओड़िया

पंजाबी

Practice the script

मलयालम

आसामी

मैथिली

डॉगरी

कश्मीरी

नेपाली

संथाली

कोंकणी

मैणिपुरी

काच्छी

Practice the script

चाट्टीसगढ़ी

कोच

कोरिया

कुरुख

नागा

मिजोरमी

मारवाड़ी

निकोबारी

गारो

बोड़ो

Practice the script

Write the English word

राजस्थानी

त्रिपुरा

संदेशिया

लड़ाखी

सेंटी

आंगिका

कोंडो

हिड़िया

कुरुक्षेत्री

बंदेली

Practice the script

Religions

Write the English word

होली

दिवाली

दुर्गा पूजा

दशहरा

रक्षाबंधन

करवा चौथ

गणेश चतुर्थी

जन्माष्टमी

ईद-उल-फित्र

ईद-उल-अज़हा

Practice the script

Write the English word

वैशाखी

बैसाखी

नवरात्रि

मकर संक्रांति

लोहड़ी

पोंगल

ओणम

नाग पंचमी

राखी पूर्णिमा

विश्वकर्मा पूजा

Practice the script

Art

Write the English word

भारतीय चित्रकला

भारतीय भित्तिचित्र

मुघल कला

राजपुत कला

मिनियेचर पेंटिंग

मधुबनी पेंटिंग

कलामकारी

तंजोर पेंटिंग

कुम्भ कला

भारतीय नृत्य कला

Practice the script

Write the English word

कला एवं हस्तशिल्प

सांझी

खोव्द

चिकनकारी

पचचीती

जूता कला

सोनपत राजमा

वर्ली पेंटिंग

जरी का काम

दसुतीपंचायत

Practice the script

Dances

Write the English word

भारतनाट्यम

कथक

ओड़िया नृत्य

कुछिपुड़ि

मोहिनीयाट्टम

कुचिपुड़ि

कछक

सतरीयों

लावनी

कैलेडोस्कोपिक

Practice the script

Write the English word

चौ

गढ़वाली

होपार

काह्केश

कयलास

कच्छ

नाट्यम

भागवतमेला

ओजप्प

कोलाट्टम

Practice the script

Food

Write the English word

बिरयानी

रोटी

दाल

साग

बटर चिकन

तांदूरी

सामोसा

चाट

पानी पूरी

ढोकला

Practice the script

Write the English word

वड़ा पाव

चोले भटूरे

पाव भाजी

ढोकली

खीर

समोसा चाट

कचौड़ी

पुरी भाजी

मिस्तन भोज

केसर पेड़ा

Practice the script

Write the English word

रसगुल्ला

गुलाब जामुन

जलेबी

लिट्टी चोखा

राजमा चावल

चना भटूरा

कढ़ाई पनीर

आलू पराठा

पलक पनीर

मटर पनीर

Practice the script

Write the English word

मसाला दोसा

सांबर इडली

कोशेरी

उत्तपम

कीचड़ी

पौष्टिक खिचड़ी

बेसन की रोटी

सर्दीयों का स्पेशल मक्की की रोटी

गट्टे की कढ़ी

भरवा भिंडी

Practice the script

जीरा

सौंठ

काला जीरा

कसूरी मेथी

धनिया

हल्दी

लाल मिर्च

काली मिर्च

गरम मसाला

अदरक

लहसुन

Practice the script

Contact us

Our mission is to help other educators, coaches, and homeschoolers also!

Contact us for customized interactive books. If you want to publish your course into a book - contact us!

Our website:

www.thinkologie.co

Follow our author page

https://amazon.com/author/thinkologiebooks

We are also on:

Instagram @thinkologie

Twitter @thinkologie

Facebook @thinkologiemedia

Thinkologie

धन्यवाद!

Thinkologie

Please return this journal to

____

____

____

Call:

____